Jannatul Ferdus Taposi

Análise e Conceção do Software do Sistema de Informação da Instituição

Jannatul Ferdus Taposi

Análise e Conceção do Software do Sistema de Informação da Instituição

ScienciaScripts

Imprint

Any brand names and product names mentioned in this book are subject to trademark, brand or patent protection and are trademarks or registered trademarks of their respective holders. The use of brand names, product names, common names, trade names, product descriptions etc. even without a particular marking in this work is in no way to be construed to mean that such names may be regarded as unrestricted in respect of trademark and brand protection legislation and could thus be used by anyone.

Cover image: www.ingimage.com

This book is a translation from the original published under ISBN 978-620-2-31266-0.

Publisher:
Sciencia Scripts
is a trademark of
Dodo Books Indian Ocean Ltd. and OmniScriptum S.R.L publishing group

120 High Road, East Finchley, London, N2 9ED, United Kingdom
Str. Armeneasca 28/1, office 1, Chisinau MD-2012, Republic of Moldova, Europe
Printed at: see last page
ISBN: 978-620-7-94443-9

CAPÍTULO 1 INTRODUÇÃO

1.1 Visão geral:

O sistema de informação da APTECH Computer Education Uttara Centre não está bem organizado e informatizado. Todas as informações necessárias sobre os estudantes/professores/cursos ou relatórios de pagamento são armazenadas em livros de registo. Não existe qualquer software ou sistema de base de dados para armazenar os dados. Os administradores estão sentados na sua cadeira durante todo o dia. Têm também o dever de manter os registos num local seguro. Isto é muito preocupante para eles. Se precisarem de informações sobre um aluno, têm de procurar em todos os registos. É também muito difícil para eles encontrarem a informação. Todos os dias, muitos alunos vêm entregar os seus pagamentos e isso também fica registado. Os administradores não têm uma forma eficiente de pesquisar, pelo que têm de procurar em todo o livro de registos dos alunos. No sistema que propus, existe um software baseado na Web e um software offline. Assim, o administrador pode facilmente introduzir e atualizar os dados. Podem também procurar informações sobre o registo de um aluno utilizando o seu telemóvel/número de conta. Os administradores podem também encontrar qualquer informação sobre o aluno ou sobre o pagamento através da página de visualização. Quando os administradores vêem o feedback de um utilizador, podem descobrir qualquer comentário   feito   por   esse   utilizador

.

1.1   Sobre a APTECH Computer Education:

A APTECH Limited é uma empresa global de formação para empresas e retalho.
Fornecedor de soluções com sede em Mumbai, Índia, com presença em 5 continentes. A empresa iniciou a sua atividade de formação em TI em 1986 e, como pioneira no ensino de TI e animação, a APTECH Limited formou mais de 6,4 milhões de estudantes ao longo dos anos. A APTECH Computer Education é uma das marcas de ensino da APTECH Limited. A APTECH Computer Education oferece uma vasta gama de cursos, mantém os padrões educativos e fornece apoio à colocação.

A APTECH Limited desenvolveu-se e diversificou-se em várias actividades relacionadas com o ensino. A empresa está cotada na BSE e na NSE.

Os serviços da APTECH

- A APTECH Vietname é o primeiro fornecedor de formação em TI no Vietname há 7 anos consecutivos.

- A APTECH foi selecionada pela TrainingIndustry.com como uma das 20 melhores empresas de formação em TI do mundo.

- A APTECH ganha o prestigiado prémio "Hall of Fame" da Franchise India por realizações notáveis em matéria de franchising.

- A APTECH Learning Services recebe o prémio "APEX 2009 - Award for Excellence" pelo seu trabalho num curso de eLearning sobre anatomia.
- Foi reconhecido como um dos principais responsáveis pelas notícias da Índia na prestigiada revista Business Today - Cirrus Review of CEOs & Companies durante quatro anos consecutivos - 2004, 2005, 2006 e 2007-08. Em 2006, 2007 e 2008-09, figurou entre os 10 principais responsáveis pelas notícias no sector das TI.
- APTECH entre as 50 marcas de serviços mais fiáveis segundo o Brand Equity.
- APTECH entre as 300 melhores pequenas empresas da Forbes a nível mundial.

Iniciativas sociais da APTECH

A APTECH realiza cursos de informática e de computadores, de multimédia e de hardware e redes para estudantes desfavorecidos. Para o efeito, a APTECH colabora com várias ONG em todo o país.

Cursos

A APTECH oferece uma vasta gama de cursos.
A empresa também tem alianças com as principais empresas de TI, como a Sun Microsystems e a Oracle, para oferecer cursos que conduzem a certificações dessas empresas. Estão disponíveis os seguintes cursos:

- ACCP Pro Career Programme (para se tornar um profissional de TI completo)
- Cursos de Certificação Sun & Oracle

Ensino de alta qualidade

A APTECH atribui grande importância à qualidade da formação. A empresa:

- garante que o currículo cumpre os requisitos da indústria e está sempre atualizado.
- Oferece a estudantes e professores materiais didácticos de alta qualidade - incluindo livros e CDs. Estes são especialmente desenvolvidos pela empresa.

- Realiza regularmente acções de formação e certificação do seu pessoal docente para garantir que este também domina temas informáticos avançados.

- Apoia o ensino na sala de aula através de tarefas, workshops e projectos electrónicos orientados.

- Proporcionar formação profissional aos estudantes para os ajudar a encontrar um emprego melhor

   Estágios.

1.2.1 Anúncios de emprego

A APTECH apoia os estudantes na procura de emprego após a conclusão dos seus cursos. A APTECH também presta apoio no processo de recrutamento das empresas. Os estudantes da APTECH são selecionados de acordo com as necessidades da empresa. Para preparar os estudantes para o mercado de trabalho, a APTECH organiza seminários, por exemplo, sobre como conduzir discussões em grupo ou como se comportar numa entrevista pessoal. Periodicamente, são organizadas feiras de emprego e recrutamentos no campus. São igualmente ensinadas competências no local de trabalho, tais como a gestão do tempo, apresentações eficazes e competências de comunicação. Tudo isto ajuda os estudantes a encontrar um emprego adequado no sector das TI e, ao mesmo tempo, ajuda a reduzir os custos de recrutamento das empresas.

1.2.2 Parceiros comerciais da APTECH: Porquê uma parceria com a APTECH?

O sector das TI é muito vasto. Só na Índia, há 2 milhões de pessoas empregadas neste sector. Trata-se de uma indústria global que tem vindo a crescer de forma sustentada ao longo dos últimos 50 anos. Graças a uma ou outra nova aplicação informática, o nosso estilo de vida e a nossa produtividade melhoram todos os dias. E as novas tecnologias estão constantemente a ser desenvolvidas, pelo que há uma necessidade constante de aprender. É por isso que investir numa empresa de formação informática é uma boa ideia. E quem melhor do que a APTECH Computer Education, pioneira neste domínio? A APTECH é a pioneira do franchising no sector da educação. O nosso crescimento é o resultado da nossa parceria com centenas de parceiros comerciais dinâmicos em todo o país.

1.2 Objetivo:
Os principais objectivos do nosso trabalho são os seguintes: a. Conhecer o atual sistema de informação da APTECH Computer Education Uttara Centre b. Conceber o atual sistema de informação de uma forma eficaz.

   c. To reduzir as dificuldades de administração.
   d. O centro será digitalizado para que todos os trabalhos possam ser efectuados através de programas informáticos.

1.4 Sistema de informação APTECH existente:
Atualmente, os administradores introduzem os registos de dados manualmente. Não dispõem de software para guardar os registos. Quando os administradores querem introduzir informações sobre um aluno, começam por preencher um formulário do aluno. Entregam uma cópia do formulário ao aluno. Guardam outra cópia na sua própria gaveta. Por vezes, perdem a cópia. Depois, preenchem-no novamente. Mantêm um registo dos pagamentos no livro de notas de cobrança. Existem muitos recibos de pagamento dos alunos num livro de notas de cobrança. Por isso, não o conseguem encontrar rapidamente quando precisam dele. Por vezes, procuram em muitos livros de admissão e de cobranças os dados de um só aluno. Isto é bastante difícil, pelo que se cansam. E quando querem atualizar a informação, têm de escrever a maior parte das coisas de novo noutro formulário. Depois, introduzem a nova informação nos novos livros de registo. Trata-se de um processo muito fastidioso para atualizar um registo. O pessoal administrativo também tem muitos problemas

para verificar a informação dos alunos. Embora exista aqui um livro de registos, as entradas não são armazenadas de forma ordenada. Por esta razão, os administradores têm de procurar em todo o livro. Todo o processo de registo existente é apresentado a seguir.

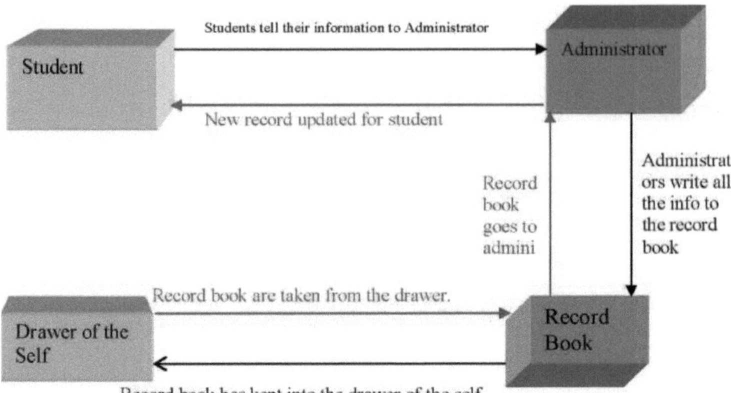

Figura 1: Sistema existente de recolha de dados e atualização do registo administrativo

1.5   Problemas do sistema atual:

1.5.1   Demora muito tempo:

O atual processo de registo é muito moroso.

Perde-se muito tempo a introduzir um novo registo de dados no sistema de informação existente no Centro APTECH Uttara.

1.5.2   Possibilidade de perder a entrada:

Existe também a possibilidade de a entrada de registo estar em falta. O pessoal administrativo introduz as informações sobre cada aluno, curso ou pagamento e preenche o formulário de registo. Posteriormente, o pessoal administrativo guarda o livro de registos na sua própria gaveta. Em caso de extravio da ficha, o pessoal administrativo não pode recuperá-la porque não dispõe de outros registos.

1.5.3   É difícil procurar entradas anteriores:

Quando os administradores querem procurar um registo anterior, deparam-se com muitos problemas. No sistema de informação do APTECH Computer Education Uttara Centre, as entradas necessárias não estão ordenadas. Os administradores têm de procurar em todo o documento para encontrar um registo anterior. Se quiserem procurar um registo de há um ano, é uma tarefa muito difícil. Existem muitos livros de registos. Têm de procurar em todos eles.

1.5.4   Os estudantes enfrentam problemas: Uma vez que não se trata de um procedimento seguro e atualizado, os estudantes também podem enfrentar muitos problemas. Têm de reintroduzir as informações necessárias e, por vezes, se um formulário de pagamento se perder, a situação torna-se confusa para ambos.

1.6   Nova proposta de sistema de informação:

O novo sistema de informação proposto terá um software baseado na Internet. Haverá também uma base de dados central. O software baseado na Web será ligado à base de dados central. Haverá pelo menos dois computadores na administração nos quais será instalado o software baseado na Web. Se um aluno quiser introduzir os seus próprios dados, pode simplesmente introduzi-los a partir dos computadores. Isto também reduzirá o trabalho dos administradores. Deixarão de ter de os introduzir manualmente. Quando

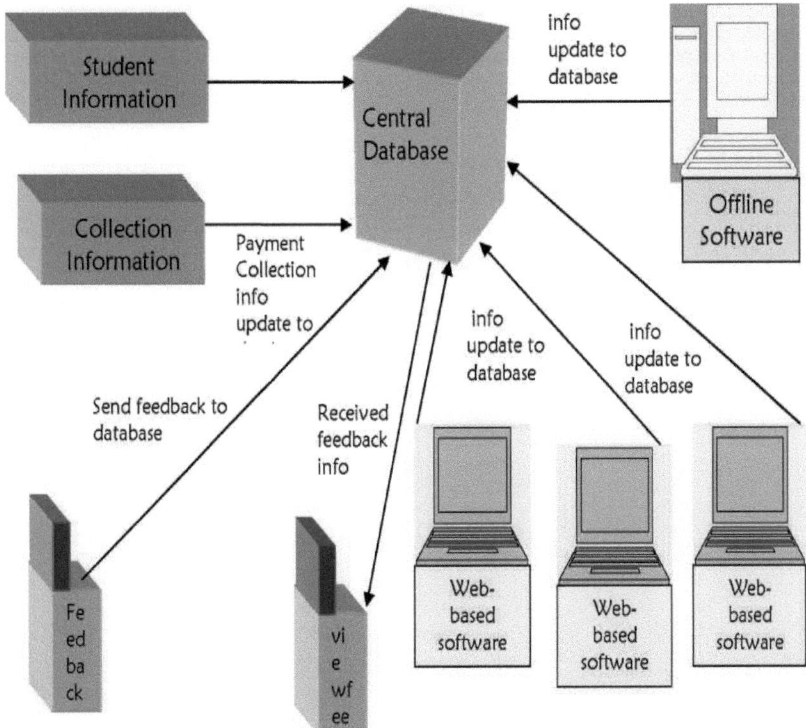

Figura 2: Novo sistema proposto para a introdução e visualização de registos de dados

1.7   Vantagens do novo sistema proposto:
> O administrador pode facilmente atualizar um registo de dados.
> O administrador pode acompanhar facilmente cada aluno.
> O administrador pode encontrar facilmente as informações individuais sobre os alunos e os pagamentos, etc.
> Os administradores não têm de manter todos os registos consigo. Podem eliminar informações desnecessárias
> O sistema proposto permitirá poupar muito tempo e dinheiro.
> Os rigores do trabalho são reduzidos.

1.8   Escolher o modelo de processo e porquê escolher:
O modelo de processo que escolhi para o meu projeto é o modelo incremental. Quando os elementos do modelo em cascata são aplicados de forma iterativa, o resultado é o modelo incremental. Neste modelo, o

O produto é concebido, implementado, integrado e testado sob a forma de construções incrementais. Este modelo é mais adequado se os requisitos de software estiverem bem definidos e a funcionalidade básica do software for necessária numa fase inicial

No modelo incremental, é fornecida uma série de versões, conhecidas como "incrementos", que oferecem gradualmente mais funções ao cliente. O primeiro incremento é designado por produto principal. Este produto principal é utilizado pelo cliente e é desenvolvido um plano para o próximo incremento, sendo efectuadas alterações para satisfazer os requisitos do cliente. Este processo repete-se.

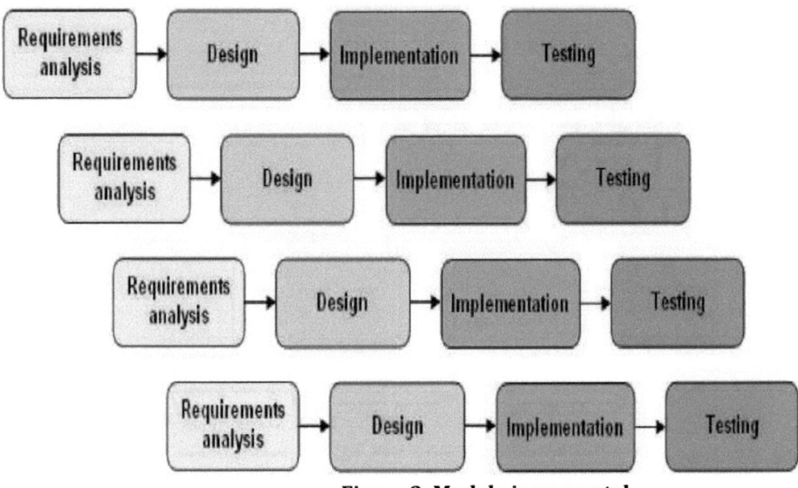

Figura 3: Modelo incremental

A razão da escolha do modelo incremental:

- Gera software funcional rapidamente e numa fase inicial do ciclo de vida do software.

- A flexibilidade é mais e menos dispendiosa.

- Os testes e a depuração tornam-se mais fáceis numa iteração mais pequena.

- Os riscos são mais fáceis de gerir, uma vez que podem ser facilmente identificados durante a

iteração.

- Os primeiros passos podem ser dados com menos empregados.

DESENVOLVIMENTO DE SISTEMAS

2.1   Metodologia:
Seguimos o processo SDLC para o desenvolvimento do sistema.

2.1.1   Fase 1: Identificação e seleção de projectos:
a.   Descobrir como funciona o sistema existente e em que medida foi automatizado, bem como os actuais desafios e problemas do sistema existente. Por esta razão, falei com Abul kalam Azad, Diretor-Geral da APTECH.
b.   Verificar o sistema para eliminar as desvantagens prevalecentes.
c.   Determinar os requisitos do sistema proposto.
d.   Estruturação dos requisitos do sistema com a ajuda de diagramas de contexto e DFDs a vários níveis.
e.   Criar um diagrama de classes.

2.1.2   Fase 2: Iniciação e planeamento do projeto:

2.1.2.1   Início do projeto:
a.   Composição da equipa de lançamento do projeto
b.   Construir relações com os clientes
c.   Desenvolvimento de um plano para o início do projeto
d.   Definição de procedimentos administrativos

2.1.2.2   Planeamento de projetos:
Se: a necessidade de software já tiver sido determinada; as partes envolvidas estiverem de acordo; a programação pode começar

O quê: O planeamento de projectos inclui cinco actividades principais - estimativa, calendarização, análise de riscos, planeamento da gestão da qualidade e planeamento da gestão da mudança.

Quem: Gestores de projectos de software, com informações das partes interessadas e dos engenheirosEstimativa: O planeamento exige uma estimativa antecipada, mesmo que seja provável que este "compromisso" venha a revelar-se errado. É inevitável um certo grau de incerteza quando se olha para o futuro. Técnicas sólidas e procedimentos concretos ajudam a reduzir a imprecisão das estimativas

2.1.2.3   Estimativa baseada no processo:

- A técnica mais utilizada para a estimativa de projectos

- O projeto é dividido num número relativamente pequeno de tarefas e o esforço necessário para completar cada tarefa é estimado

- Começa com uma delimitação das funções de software resultantes do âmbito do projeto

- Para cada função, deve ser realizada uma série de actividades de enquadramento
- Actividades-quadro representativas:
    - Comunicação com o cliente
    - Planeamento/análise de riscos
    - Tecnologia
    - Construção / Lançamento
- As funções e as actividades podem ser apresentadas em conjunto numa tabela:

Tabela de estimativa baseada no processo:

Activity	CC	Planning	Risk analysis	Engineering		Release		CE	Totals
Function				Anal.	Design	Code	Test		
UICF				0.75	2.50	0.40	5.00	n/a	8.65
2DGA				0.75	4.00	0.60	2.00	n/a	7.35
3DGA				0.50	4.00	0.60	2.00	n/a	7.10
CGDF				0.50	4.00	1.00	3.00	n/a	8.50
DBM				0.50	3.00	1.00	1.50	n/a	6.00
PCF				0.25	2.00	0.75	1.50	n/a	4.50
DAM				0.50	2.00	0.50	2.00	n/a	5.00
Totals	.25	.25	.25	3.50	17.50	4.25	15.00		34.80
% effort	1%	1%	1%	7%	45%	12%	40%		

- Uma vez fundidas as funções e as actividades, o planeador estima o esforço (pessoas-mês) necessário para cada atividade por função
- As taxas médias de trabalho são então aplicadas ao esforço estimado (pode variar consoante a tarefa)

- Os custos e o esforço para cada função e atividade (totais de linhas e colunas) são calculados na última etapa

2.1.2.4 Valores de domínio da aplicação Web:

- *As entradas* são todos os ecrãs ou formulários de entrada, todos os ecrãs de manutenção e todos os separadores (se esta metáfora for utilizada em qualquer lugar).

- *Os resultados* são qualquer página Web estática, qualquer página dinâmica (script) e qualquer relatório (baseado na Web ou administrativo)

- *As tabelas* são qualquer tabela lógica na base de dados

- *As interfaces* mantêm a sua definição como ficheiros lógicos (por exemplo, formatos de registo de dados únicos) até aos limites do nosso sistema.

- As *consultas* são publicadas externamente ou utilizam uma interface orientada para as mensagens. Um exemplo típico são as referências externas DCOM ou COM

- Os pontos de função calculados com estes valores são um indicador razoável do volume de uma aplicação Web

Estimativa das aplicações Web: O volume de uma aplicação Web é melhor determinado através da recolha de medidas associadas à aplicação, conhecidas como "variáveis de previsão"

- Estes incluem:

    - Nível de aplicação: número de páginas, suportes e funções

    - Nível da página: Complexidade da página, da ligação e do gráfico

    - Nível do suporte: tamanho do suporte, duração

    - Caraterísticas funcionais: Comprimento do código, comprimento do código reutilizado

2.1.2.5 Diagrama temporal:

Subject	Week 1-2	Week 3-4	Week 5-6	Week 7	Week 8-9	Week 10-12
Requirements Analysis	————					
Collection		————				
Design			————			
Coding				————		
Testing					————	
Implementation						————

2.1.2.6 Estimativa de custos:

Type	Cost
1. Hardware Cost	Nil
2. Software Cost	Nil

2.1.3   Fase 3: Análise:

Analisei todo o sistema de informação existente no Centro APTECH Uttara. Não existe um sistema informático de base de dados para o serviço administrativo. Por esta razão, tenho de trabalhar arduamente. Concebi todo o sistema. Também analisei todo o sistema. Observei todo o seu sistema de informação para o conceber da melhor forma.

2.1.4   Fase 4: Conceção do sistema:

Conceber a base de dados lógica. Deve ter em conta todos os inputs, outputs e todos os elementos de dados no diagrama de classes. Complete o protótipo que cumpre todos os requisitos. Com base neste protótipo, conceba a base de dados física e utilize o modelo de base de dados relacional. Conceba os formulários e os relatórios. Finalize as interfaces, os diálogos e as especificações de conceção.

2.1.5   Fase 5: Realização:

Codificar o sistema de acordo com a especificação do projeto. Testar o novo sistema e instalá-lo após um teste bem sucedido. Preparar a documentação do sistema.

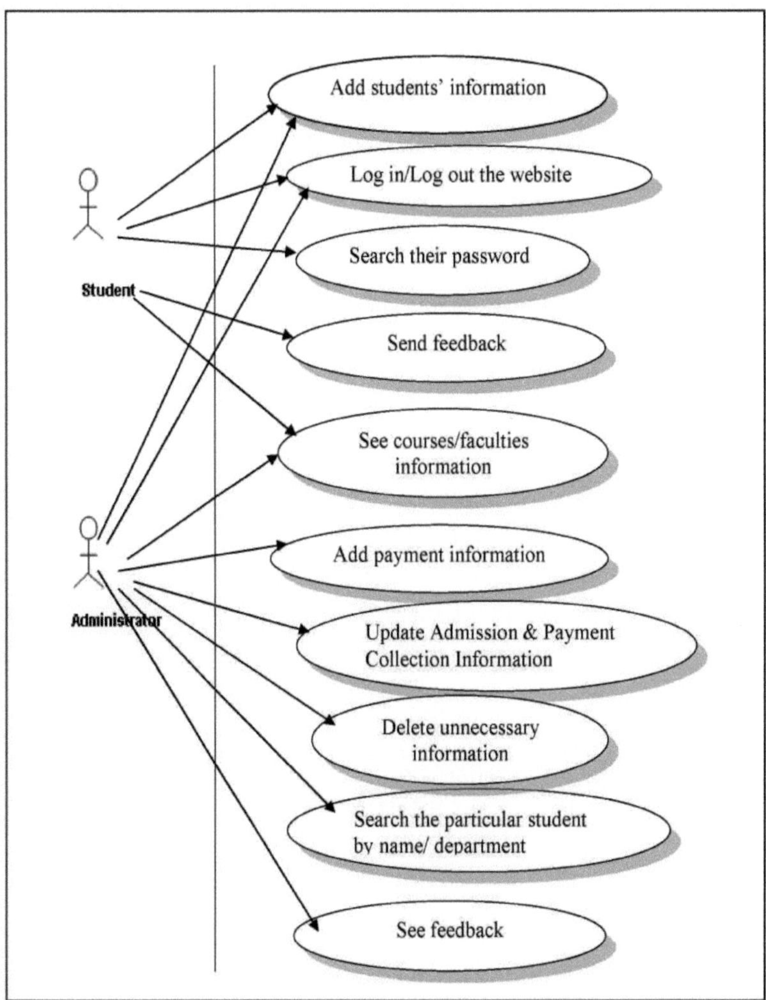

Figura 4: Diagrama de casos de utilização

Descrição do diagrama de casos de utilização:

Estudantes:_______________________

1. Adicionar informações sobre os alunos
2. Registo no sítio Web
3. Procurar a sua palavra-passe
4. Enviar comentários
5. Ver informações sobre cursos/faculdades

Administradores:_________________
1. Adicionar informações sobre os alunos
2. Registo no sítio Web
3. Adicionar informações de pagamento
4. Atualizar informações sobre autorização e cobrança de pagamentos
5. Eliminar informações desnecessárias
6. Procurar um aluno específico por nome/departamento
7. Ver informações sobre cursos/faculdades

CAPÍTULO 3 PROJECTO

3.0 ROTULAGEM DAS FUNÇÕES:

Uma vez que não se trata apenas de um software de sistema de informação, mas também de um software baseado na Web, as funções do sítio Web serão muito semelhantes.

Funções do aluno:

1. **Criar uma conta** no sistema.

2. **Registo no** sítio Web

3. **Informação sobre o** estado do pagamento

4. **Procure a** sua palavra-passe (caso se tenha esquecido dela).

5. **Saber mais** sobre a Aptech, porquê a Aptech, estágios, parceiros comerciais e informações de contacto da Aptech, etc.

6. **Mostrar** informações sobre cursos e faculdades.

7. **Divirta-se com a** galeria de fotografias da Aptech.

8. **Transmissão de** feedback, etc.

Funções dos administradores:

1. **Candidatura:** Adicionar as informações do aluno para admissão.

2. **Registo no** sítio Web

3. **Adicionar** informações de pagamento

4. **Conhecimento do** processo de cobrança de dívidas do estudante e das informações necessárias.

5. **Atualizar** informações sobre autorização e cobrança de pagamentos

6. **Eliminar** informações desnecessárias

7. **Procurar** um aluno específico por nome/departamento

8. **Ver** informações sobre cursos/faculdades

9. **Conhecer o** feedback, etc.

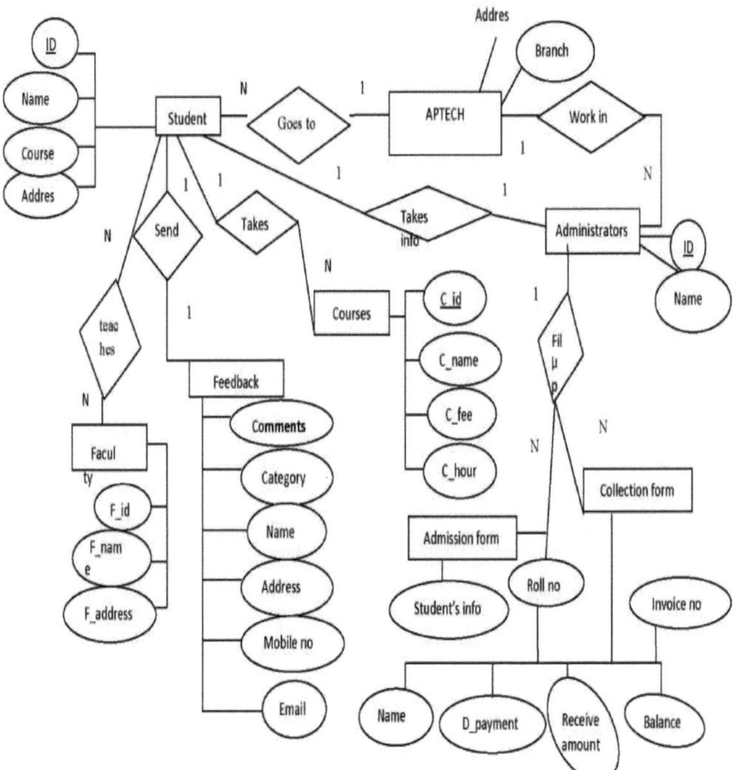

Figura 5: ERD do software do sistema de informação da Aptech

3.1 PARTE 1: CONCEPÇÃO DA BASE DE DADOS
Descrição:

Quando o administrador preenche o formulário de admissão de estudantes na Web ou no software offline, todos os dados são armazenados na tabela aform. Os administradores introduzem as informações de pagamento no formulário de recolha, que são recolhidas na tabela cform. Se os administradores necessitarem de informações sobre os alunos ou as cobranças, o SQL é executado nestas tabelas. Quando o aluno tiver concluído os seus cursos, as informações do aluno nas tabelas aform e cform são eliminadas. Tanto o software online como o offline acedem a estas tabelas. Se alguém quiser dar feedback, pode introduzir os seus comentários na tabela de feedback.

3.2 Diagrama de blocos:

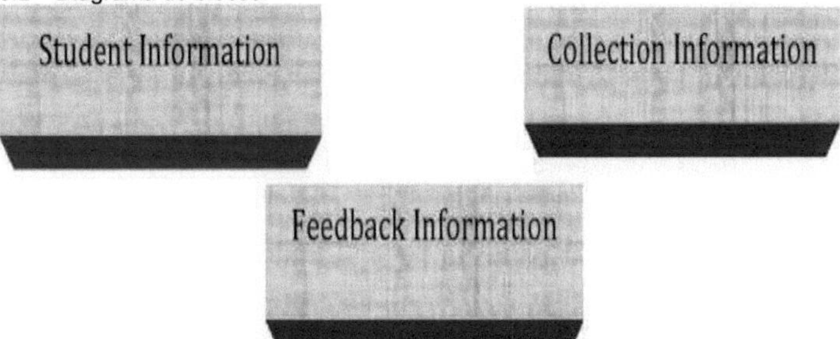

Figura 6: Diagrama de blocos da base de dados

Existem três diagramas de blocos principais no nosso sistema.
- a) Informações sobre o aluno: Contém todas as informações sobre o aluno.
- b) Informações de cobrança: Contém todas as informações de pagamento do estudante.
- c) Informações sobre o feedback: Todas as informações sobre o feedback ou os comentários são armazenadas neste bloco.

3.3 *Diagrama de contexto:*

Base de dados do sistema de informação APTECH (Centro Uttara)

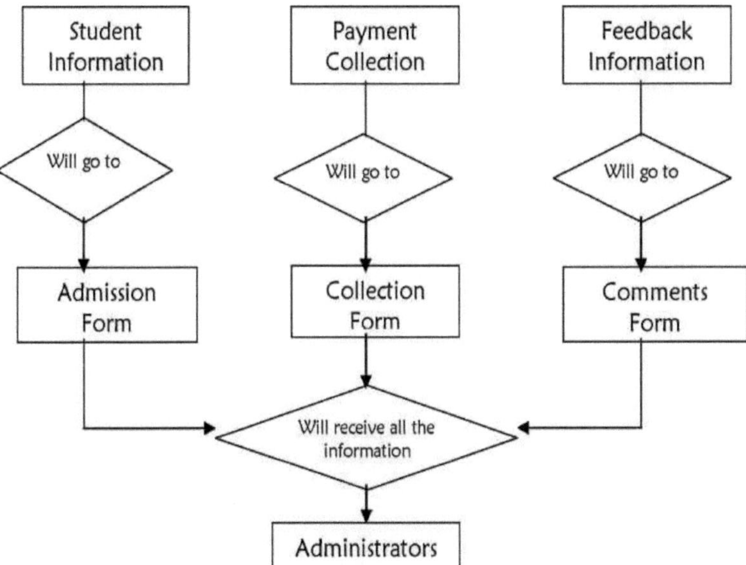

Figura 7: Diagrama de contexto da base de dados

Este é o diagrama de contexto do nosso sistema. Neste diagrama, as informações sobre os alunos, os pagamentos e o feedback são introduzidas na tabela do formulário de admissão, no formulário de pagamento e na tabela de feedback. E os administradores verificam todas as informações da base de dados auc. O registo é automaticamente guardado na tabela do formulário de admissão, na tabela do formulário de pagamento e na tabela de feedback. Quando um aluno conclui um curso, os dados são removidos. Os administradores podem procurar o registo na tabela.

3.5 *Diagrama de classes:*

Figura 8: Diagrama de classes da base de dados

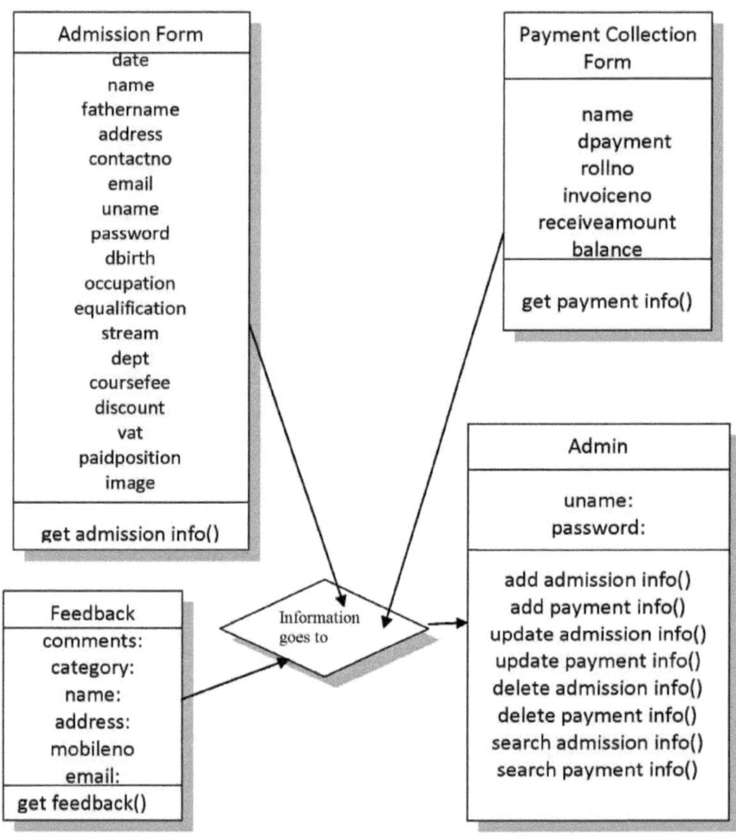

Descrição do diagrama de classes:

Todas as informações necessárias sobre o aluno são introduzidas no formulário de admissão do aluno. O formulário de registo de pagamentos contém as informações de pagamento do aluno. As informações de feedback serão adicionadas à tabela de feedback. Depois de tudo isto, os administradores obtêm todas as informações necessárias para gerir o sistema.

3.5 Conceção da base de dados:
No sistema atual, não existe qualquer ligação entre a base de dados de admissão de estudantes e a base de dados de cobrança de pagamentos. Devido à falta de informação, personalizei estas bases de dados de modo a que correspondessem praticamente à sua base de dados. A conceção das bases de dados é tal que os administradores podem encontrar as informações numa única base de dados.
A estrutura da nova base de dados é mostrada abaixo:

3.5.1 tb_aform (quadro do formulário de autorização):

		sl	date	name	fathername	address	contactno	email
☐ ✎ ✕		158	02 April, 11	Juthi	Md: Faruk	Gagipur	01918880654	juthi@yahoo.com
☐ ✎ ✕		156	01 Feb, 11	Sharna Islam	Md:Abdur Rahman	Uttara, Dhaka	01718440657	sharna@yahoo.com
☐ ✎ ✕		157	05 January, 11	Sheehan	Md: Motiur Rahman	H: 10, R:07, Sec: 06, Uttara,	01619887654	sheehan@gmail.cor
☐ ✎ ✕		155	25 April, 11	Ibrahim Khalili Shaon	Md: Abdullah	H: 10, R:07, Sec: 4, Uttara,	01712990768	shaon@gmail.com

Figura 9: Registo de dados tb_aform na base de dados

Resumo do campo:

1. sl: Descreve o número de série do aluno.
2. Data: Data em que o administrador introduziu o registo de dados.
3. Nome: Nome do estudante
4. patronímico: Nome do pai do estudante
5. Endereço: Endereço do estudante
6. Número de contacto: Número de contacto do estudante
7. Correio eletrónico: O número de correio eletrónico do estudante
8. uname: Nome de utilizador do estudante
9. Palavra-passe: Palavra-passe do estudante
10. Data de nascimento: A data de nascimento do estudante
11. Profissão: A profissão do estudante.
12. Igualdade: Qualificação académica do estudante
13. Atual: A formação ou o departamento do estudante
14. Área temática: Os cursos em que o estudante está interessado
15. Propina do curso: A propina do respetivo curso
16. Desconto: Quantos descontos os alunos recebem

17. Imposto sobre o valor acrescentado: O montante do imposto sobre o valor acrescentado

18. Posição remunerada: A posição do

19. Imagem: A fotografia do estudante

Ponto-chave: Nesta tabela, sl é a chave primária.

3.5.2 tb_cform(Tabela de formulários de recolha de pagamentos):

	sl	name	dpayment	roollno	invoiceno	receiveamount	balance
☐ ✎ ✗	55	Ragib	24 Nov,11	23	435	3200	6000
☐ ✎ ✗	89	Sheehan	15 Nov, 11	012	002	3500	16000
☐ ✎ ✗	88	Sharna Islam	21 Nov,11	011	001	3500	12000

Figura 10: Informações de pagamento armazenadas na base de dados

Resumo do campo:

1. sl: O número de série do estudante que efectuou o pagamento

2. Nome: Nome do estudante

3. dPagamento: Data do pagamento

4. rollno: Número de registo do aluno

5. invoiceno: O número da fatura do estudante

6. Montante recebido: O montante recebido pelo estudante

7. Saldo: Descreve o montante do saldo do aluno

Ponto-chave: Nesta tabela, sl é a chave primária.

3.5.3 tb_feedback (tabela de feedback):

	sl	comments	category	name	address	mobileno	email
☐ ✎ ✗	211	This is good.	Student	Nadim haider	Uttaara, Dhaka	01716660863	nadim@yahoo.com
☐ ✎ ✗	213	It's nice.	Teacher	Golam Robbany	Uttara, Dhaka	01718855432	golam@gmail.com
☐ ✎ ✗	169	I like Aptech	Student	Sharna	Uttara	08439758	s@gmail.com

Figura 11: Informação de retorno armazenada na base de dados

Resumo do domínio:

1. si: O número de série do utilizador que fez os comentários

2. Categoria: O tipo de utilizador

3. name: Nome do utilizador

4. Endereço: Endereço do utilizador

5. mobilo: O número de telemóvel do utilizador

6. Correio eletrónico: O número de correio eletrónico do utilizador

Pontos importantes: Nesta tabela, sl é a chave primária.

3.5.4   tb_admin (tabela de administração):

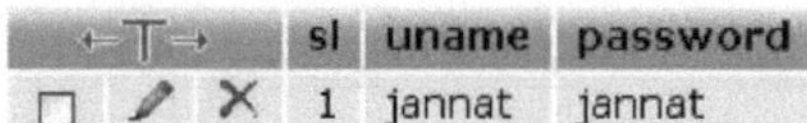

Figura 12: Informações de início de sessão do administrador guardadas na base de dados

Resumo do domínio:

1. sl: O número de série do administrador
2. uname: Nome de utilizador do administrador
3. Palavra-passe: Palavra-passe do administrador

Pontos importantes: Nesta tabela, sl é a chave primária.

3.6 PARTE 2: CONCEPÇÃO DA INTERFACE

3.6.1   Descrição:

Falei sobre o software na conceção da interface. Existem dois programas informáticos no sistema proposto. Um é um software baseado na Web e o outro é um software offline. Ambos os programas são discutidos aqui.

3.6.2   Software baseado na Web: O software baseado na Web é composto por duas partes. Uma parte destina-se às informações de admissão dos estudantes e a outra às informações de cobrança dos pagamentos. Todos os tipos de informação sobre os estudantes e de cobrança de pagamentos são armazenados no software. Os administradores introduzem os dados nesta secção.

3.6.2.1   Vantagens da utilização de software baseado na Web:
A utilização de software baseado na Web oferece muitas vantagens. Algumas dessas vantagens são enumeradas a seguir: Compatibilidade entre plataformas: as aplicações baseadas na Web têm um caminho muito mais fácil para uma compatibilidade entre plataformas bem sucedida do que as aplicações de software descarregáveis. Várias tecnologias, como Java, Flash, ASP e Ajax, permitem o desenvolvimento eficaz de programas para todos os principais sistemas operativos.

Atualização: As aplicações baseadas na Web são sempre actualizadas para a versão mais recente sem que o utilizador tenha de agir e sem que seja necessário solicitar ou interferir com os seus hábitos de trabalho na esperança de que iniciem novos procedimentos de descarregamento e instalação (o que por vezes é impossível em grandes organizações).

Acesso imediato: As aplicações baseadas na Web não precisam de ser descarregadas, instaladas e configuradas. O utilizador acede à sua conta online e fica imediatamente pronto a utilizar, independentemente da sua configuração ou hardware.

Simples tentativa e erro: Hoje em dia, especialmente no caso de software dispendioso, ainda há muitas funcionalidades e pequenos pormenores que não podem ser totalmente testados e descobertos antes de se gastar dinheiro numa compra completa.

Requisitos de memória mais baixos: As aplicações baseadas na Web têm requisitos de memória RAM muito mais baixos para o utilizador final do que os programas instalados localmente. Uma vez que estas aplicações baseadas na Web são executadas no servidor de um fornecedor, na maioria dos casos utilizam a RAM dos computadores em que estão a ser executadas, permitindo mais espaço para que várias aplicações sejam executadas

simultaneamente sem uma degradação frustrante do desempenho.
3.6.2.2 Software para sistemas de informação:
> Basicamente, já existe um sítio Web para o Centro APTECH Computer Education Uttara. Mas para gerir este novo sistema, o sítio Web deve conter três páginas dinâmicas adicionais. Estas destinam-se a acrescentar à base de dados central as informações relativas aos estudantes, aos pagamentos e aos comentários.

Ferramentas necessárias:
Hardware:
1. PC
Software:
1. PHP
2. A MINHA SQL
3. Tecelão de sonhos
4. HTML
5. Script Java

3.6.2.2 Página inicial do sistema de informação:
Caraterísticas:
Os alunos utilizarão esta página para iniciar sessão. Antes de poderem iniciar sessão, têm de criar uma conta. Para criar uma conta, clique na ligação "<u>Criar conta</u>". A página da conta será então apresentada. Depois de introduzirem as informações necessárias, ser-lhes-á dada autorização para <u>iniciar sessão</u>. Em seguida, novamente
abre-se a página inicial. Nesta página, introduza o seu ID de utilizador e a sua palavra-passe e clique no botão "Iniciar sessão". Aparecerá então uma mensagem do tipo "<u>Veja os seus dados</u>", <u>clique em (o seu nome)</u>. Depois de clicar, será encaminhado para a sua própria página. Esta página é a página de visualização do utilizador. Nesta página, pode ver todas as informações sobre si e terminar a sessão. Se se tiver esquecido da sua palavra-passe ou do seu nome de utilizador, pode descobri-lo clicando no texto <u>Esqueceu-se da palavra-passe</u> na página inicial. É apresentada uma página de pesquisa e, ao introduzir o número de telemóvel no campo de texto, receberá a sua palavra-passe e o seu ID de utilizador.
Dois campos são:
ID do utilizador: O ID do utilizador é introduzido neste campo.
Palavra-passe: Este campo contém a palavra-passe.
Páginas ligadas:
Início: Esta é a primeira página do software. Contém ligações para todas as páginas.
Sobre a APTECH: Esta ligação descreve a APTECH Computer Education e os seus estágios e parceiros comerciais, etc.
Porquê a APTECH: Esta ligação mostra por que razão alguém está interessado em aderir à APTECH.

Cursos: As informações sobre os cursos são apresentadas nesta ligação.

Galeria de fotografias: Nesta ligação, encontrará uma apresentação de diapositivos com várias fotografias da APTECH.

Contacto: Os dados de contacto do APTECH Uttara Centre podem ser consultados nesta ligação.

Feedback: Pode dar a sua opinião à APTECH através desta ligação.

Administrador: Esta ligação abre a página de administração que o administrador irá utilizar.

Abaixo pode ver o esquema da interface da página inicial do sistema de informação APTECH:

Figura 13: Página inicial da APTECH

3.6.2.3   Página da conta:

Caraterísticas: A ligação é utilizada para criar uma conta. Os utilizadores clicam na ligação "Criar conta" na página inicial. A página da conta é então apresentada. Depois de introduzir as informações necessárias, o utilizador recebe autorização para iniciar sessão. Existem dezoito campos nesta página.

Resumo do campo:

Data: Este campo contém informações sobre a data da conta.

Nome: O nome do estudante que abre uma conta.

Nome do pai: O nome do pai do estudante.

Endereço: O endereço do estudante.

Número de contacto: O número de contacto do estudante.

Endereço eletrónico: O endereço de correio eletrónico do estudante.

Nome do utilizador: O campo contém o nome do utilizador.

Palavra-passe: Este campo contém a palavra-passe.

Data de nascimento: A data de nascimento do utilizador é introduzida aqui.

Profissão: A profissão do utilizador/estudante.

Habilitações literárias: As habilitações literárias do utilizador são especificadas aqui.

Especialização: A disciplina principal do estudante.

Interessado em: Este campo contém o nome do curso.

Preços dos cursos: Os preços dos cursos individuais estão indicados aqui.

Desconto: O desconto para o curso é apresentado aqui.

Imposto sobre o valor acrescentado: IVA do curso.

Remunerado/não remunerado: Indica se o estudante é remunerado ou não remunerado.

Imagem: Este é o campo da imagem. O utilizador pode carregar a sua imagem através deste campo.

O diagrama da interface de informações sobre a conta pode ser consultado abaixo:

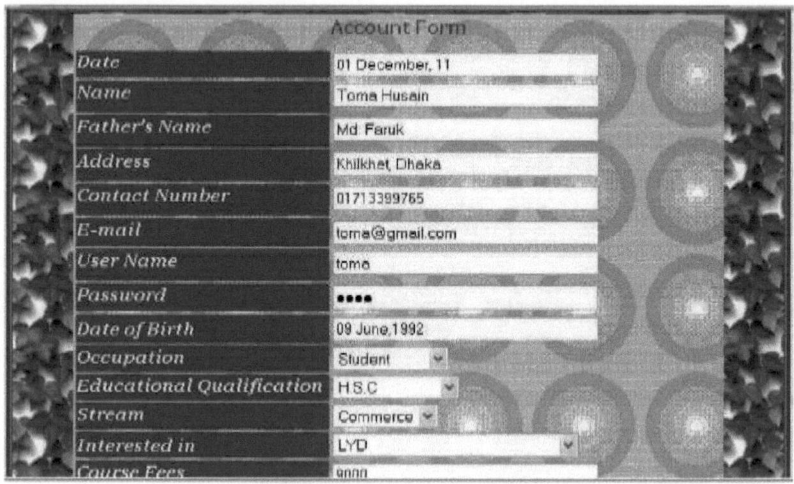

Figura 14: Página da conta APTECH

3.6.2.5   Pesquisar nesta página:

Caraterísticas:

Esta página só é utilizada para procurar a palavra-passe ou o ID de utilizador. Se os

utilizadores se esquecerem da sua palavra-passe ou ID de utilizador, podem encontrá-la

clicando no texto Esqueceu-se da palavra-passe na página inicial. A página de pesquisa é

então apresentada. Para tal, introduza o seu número de contacto no campo de texto que

utilizou no formulário de conta. A palavra-passe será então apresentada automaticamente na

parte inferior.

Pesquisa: O número de contacto é apresentado neste campo.

Outras informações de páginas ligadas, como a página inicial.

O diagrama de interface da página de pesquisa do sistema de informação APTECH é

apresentado a seguir:

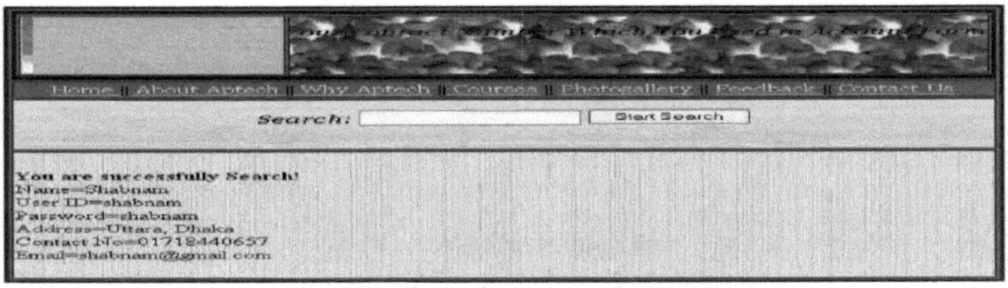
Home || About Aptech || Why Aptech || Courses || Photogallery || Feedback || Contact Us
Search:
Start Search
You are successfully Search!
Name=Shabnam
User ID=shabnam
Password=shabnam
Address=Uttara, Dhaka
Contact No=01718440657
Email=shabnam@gmail.com

Figura 15: Página de pesquisa da APTECH

3.6.2.6 Página do curso:

Caraterísticas:

Esta página fornece informações sobre os cursos. Aqui encontra informações sobre os nomes dos cursos, a duração, as aulas semanais, a duração das aulas e os preços dos cursos. Há também informações sobre os cursos HDSE (Diploma Superior em Engenharia de Software).

Faculdade: Esta ligação apresenta as informações sobre as faculdades.

Outras informações de páginas ligadas, como a página inicial.

O diagrama da interface de informação sobre preços pode ser consultado abaixo:

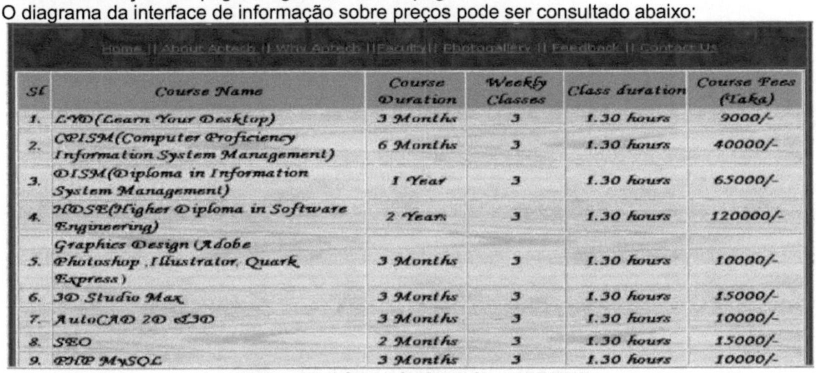

Sl	Course Name	Course Duration	Weekly Classes	Class duration	Course Fees (Taka)
1.	LYD(Learn Your Desktop)	3 Months	3	1.30 hours	9000/-
2.	CPISM(Computer Proficiency Information System Management)	6 Months	3	1.30 hours	40000/-
3.	DISM(Diploma in Information System Management)	1 Year	3	1.30 hours	65000/-
4.	HDSE(Higher Diploma in Software Engineering)	2 Years	3	1.30 hours	120000/-
5.	Graphics Design (Adobe Photoshop ,Illustrator, Quark Express)	3 Months	3	1.30 hours	10000/-
6.	3D Studio Max	3 Months	3	1.30 hours	15000/-
7.	AutoCAD 2D &3D	3 Months	3	1.30 hours	10000/-
8.	SEO	2 Months	3	1.30 hours	15000/-
9.	PHP MySQL	3 Months	3	1.30 hours	10000/-

Figura 16: Página da disciplina APTECH

3.6.2.7 Página da Faculdade:

Caraterísticas:

Esta página tem por objetivo fornecer informações sobre as faculdades. Outras informações podem ser obtidas em páginas ligadas, como a página inicial.

O diagrama da interface de informação do corpo docente pode ser consultado abaixo:

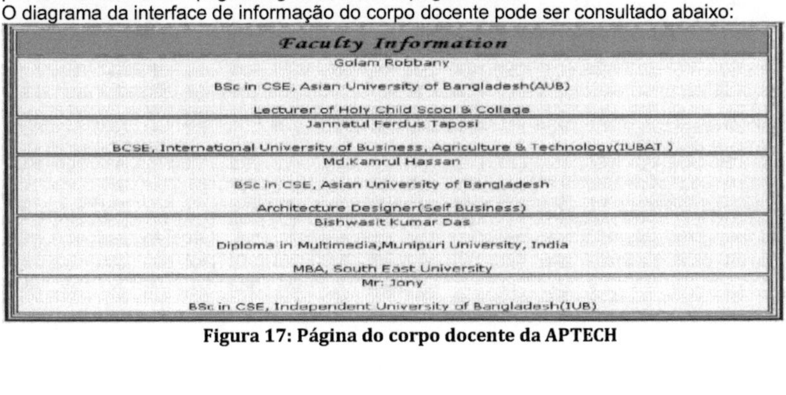
Faculty Information
Golam Robbany
BSc in CSE, Asian University of Bangladesh(AUB)
Lecturer of Holy Child Scool & Collage
Jannatul Ferdus Taposi
BCSE, International University of Business, Agriculture & Technology(IUBAT)
Md.Kamrul Hassan
BSc in CSE, Asian University of Bangladesh
Architecture Designer(Self Business)
Bishwasit Kumar Das
Diploma in Multimedia,Munipuri University, India
MBA, South East University
Mr: Jony
BSc in CSE, Independent University of Bangladesh(IUB)

Figura 17: Página do corpo docente da APTECH

3.6.2.8   Página de feedback:

Caraterísticas:

Esta página destina-se exclusivamente a comentários sobre APTECH Uttara Branch. Existem seis campos nesta página. É importante enviar comentários de alunos/professores ou utilizadores sobre este sistema ou sobre a APTECH. O utilizador deve preencher todos os seis campos. Estes são depois armazenados na base de dados central. Ao introduzir o nome do utilizador, o comentário do utilizador pode ser apagado. Para tal, basta premir o botão "apagar".

Comentários: O campo conterá comentários.

Categoria: Este é um campo para as categorias utilizador, professor e aluno.

Nome: Nome da pessoa a quem deve ser enviado o feedback.

Endereço: O endereço da pessoa.

Número de telemóvel: O número de telemóvel da pessoa em causa.

Endereço de correio eletrónico: O endereço de correio eletrónico da pessoa. Abaixo pode ver o diagrama da interface de informações de feedback:

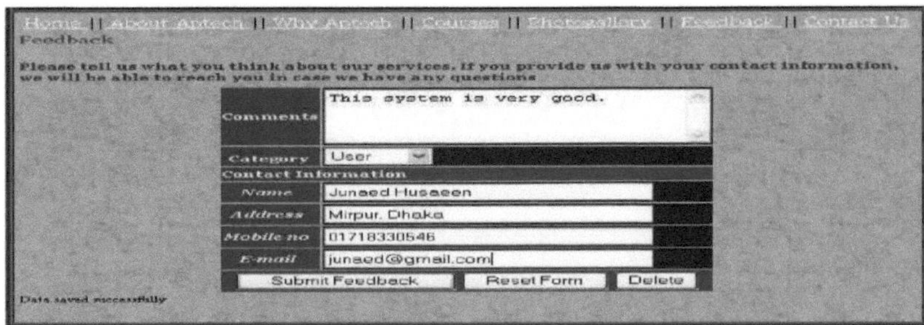

Figura 18: Página de reação da APTECH

3.7.1   Página de administração:

Caraterísticas:

Apenas os administradores podem utilizar esta página. É possível iniciar sessão como administrador. O nome e a palavra-passe do administrador são guardados na tabela de administradores. Depois, iniciam a sessão na página do administrador. Depois de iniciar a sessão, pode aceder facilmente à página interna. Existem dois campos.

Nome do administrador: Este campo contém o nome do administrador.

Palavra-passe: Este campo contém a palavra-passe do administrador.

Outras informações de páginas ligadas, como a página inicial.

O diagrama da interface da página de administração é apresentado abaixo:

Figura 19: Página de administração da APTECH

3.7.1.1   Página de entrada do administrador:

Caraterísticas:

Esta página só é utilizada para introduzir páginas internas.

Início: Esta é a primeira página do software. Contém ligações para todas as páginas.

Informações sobre os estudantes: Esta ligação abre a página com as informações do aluno.

Informações de cobrança: Esta ligação abre a página de informações de cobrança de pagamentos.

Vista de feedback: Esta ligação apresenta as informações de feedback.

Administração: contém uma ligação para a página de administração.

Abaixo pode ver o diagrama da interface da página de entrada da administração:

Figura 20: Página de entrada do administrador

3.7.2.2   Página de informação para estudantes:
Caraterísticas:
Esta página descreve as informações dos alunos. Apresenta as informações dos alunos, adiciona, actualiza e elimina informações dos alunos, procura cursos e também fornece uma ligação para visualizar informações específicas dos alunos individualmente.
Adicionar informações para novos alunos: Esta ligação apresenta o formulário de admissão do aluno. É idêntica à página da conta.
Eliminar: Pode utilizar esta ligação para eliminar as informações dos alunos que já não são necessárias.
Atualizar: Esta ligação é utilizada para atualizar as informações do aluno.
Procurar cursos: Introduza o nome do curso para procurar estudantes de cursos específicos.
Nome: Esta é a opção para pesquisar por nome. Se clicar no nome, os administradores podem ver as informações pessoais do respetivo aluno.

O diagrama de interface para as informações de admissão de estudantes é apresentado abaixo:

Delete	Sl	Date	Name	Father's name	Address	Contact No	Email	User Name	Password
Delete	279	30 Nov, 11	Shabnam	Md:Abdur Rahman	Uttara, Dhaka	01718440657	shabnam@gmail.com	shabnam	shabnam
Delete	311	01 December, 11	Ayasha Rahman	Md: Motiur Rahman	Uttara, Dhaka	018188990324	jelly@yahoo.com	jelly	jelly
Delete	294	30 Nov, 2011	Sheehan Ahmed	Md: Abdullah	Uttara, Dhaka	01913880654	sheehan@gmail.com	sheehan	sheehan

Figure 21:   Página de informação para estudantes

3.7.2.3   Pesquisa de cursos:

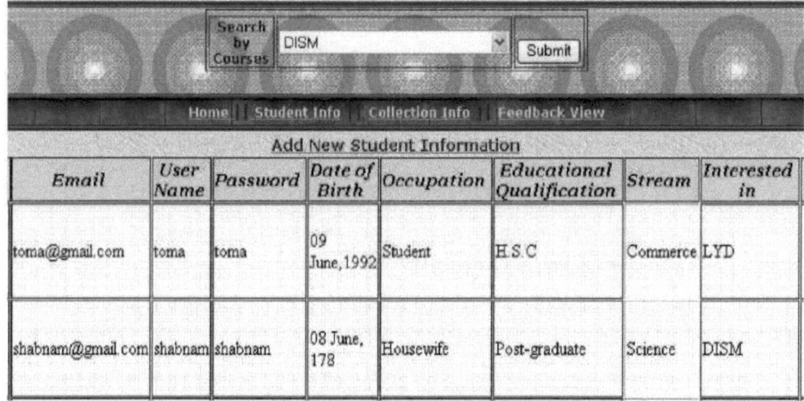

Email	User Name	Password	Date of Birth	Occupation	Educational Qualification	Stream	Interested in
toma@gmail.com	toma	toma	09 June,1992	Student	H.S.C	Commerce	LYD
shabnam@gmail.com	shabnam	shabnam	08 June, 178	Housewife	Post-graduate	Science	DISM

Figure 22:   Pesquisa de cursos

3.7.2.4 Resultados da pesquisa:

Caraterísticas:

Após a pesquisa de uma disciplina, são apresentadas estas informações. Diagrama da interface dos resultados da pesquisa

está no fundo:

ID	Name	Address	Contact Number	Course	Paid Position	Image
279	Shabnam	Uttara, Dhaka	01718440657	DISM	18% Paid	

Figura 23: Página de resultados da pesquisa

3.7.2.5 Resultado da pesquisa por nome:

Caraterísticas:

Depois de procurar o nome, estas são as informações que aparecem.

O diagrama de interface para pesquisa por nome pode ser encontrado abaixo:

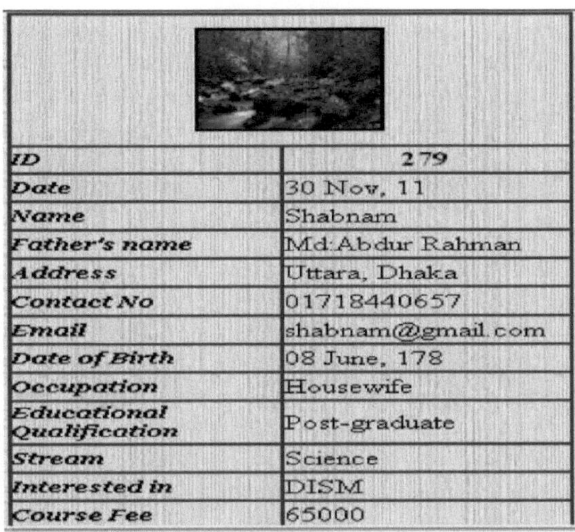

ID	279
Date	30 Nov, 11
Name	Shabnam
Father's name	Md: Abdur Rahman
Address	Uttara, Dhaka
Contact No	01718440657
Email	shabnam@gmail.com
Date of Birth	08 June, 178
Occupation	Housewife
Educational Qualification	Post-graduate
Stream	Science
Interested in	DISM
Course Fee	65000

Figura 24: Resultado da pesquisa de IVame

3.7.2.6 Eliminar por nome:

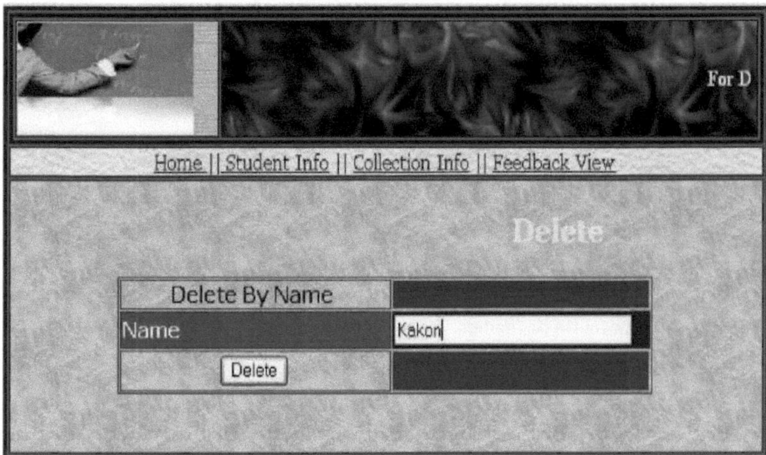

3.7.2.7 Atualização:

Interested in	Course Fee	Discount	Vat	Paidposition	Image	Update
LYD	9000	No	10%	Paid		Update
DISM	65000	25%	10%	18% Paid		Update
HDSE	120000	25%	10%	12% Paid		Update

Figura 26: Ligação "Atualizar informações dos alunos

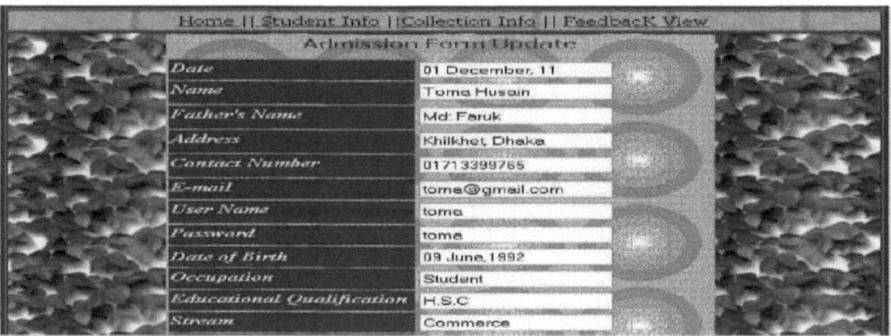

3.7.2.8 Atualizar informações:

Figura 27: Página "Atualizar informações dos alunos

3.8.1 Informações sobre a recolha:

Caraterísticas:

Esta página descreve as informações sobre a cobrança de pagamentos.
Contém uma ligação para adicionar um novo pagamento, para atualizar e
eliminar a página e uma ligação para visualizar as informações de pagamento
de um aluno específico individualmente em formato PDF.

Adicionar novo pagamento: Utilize esta ligação para aceder ao formulário de
cobrança de pagamentos do aluno.

Eliminar: Pode utilizar esta ligação para eliminar informações de pagamento
supérfluas.

Atualização: As informações de pagamento são actualizadas através desta
ligação.

Procurar por nome: Esta é a opção para procurar por nome. Ao clicar no nome,
os administradores podem visualizar as informações pessoais de pagamento

Delete	Sl	Name	Date of Payment	Roll No	Invoice No	Receive Amount	Bala
Delete	138	Nadim haider	30 Nov, 11	006	08203006	3500	17000
Delete	136	Shabnam	30 Nov, 11	005	08203005	3500	25000
Delete	115	Sharna Islam	24 Nov,11	001	08203001	3500	6000
Delete	127	Ibrahim Khalil	15 Nov, 11	002	08203002	3500	12000
Delete	129	Sheehan Ahmed	29 Nov, 11	003	08203003	3500	15000
Delete	130	Rapib Sharker	30 Nov, 11	004	08203004	3500	20000

do aluno em formato PDF.

Figura 28: Página de informação da coleção APTECH

O diagrama seguinte mostra a interface para a recolha de informações de
pagamento dos alunos:

3.8.2   Formulário de recolha:
Caraterísticas:
Esta página destina-se exclusivamente a comentários sobre APTECH Uttara Branch. Existem seis campos nesta página. É importante enviar comentários de alunos/professores ou utilizadores sobre este sistema ou sobre a APTECH. O utilizador deve preencher todos os seis campos. Estes são depois armazenados na base de dados central. Ao introduzir o nome do utilizador, o comentário do utilizador pode ser apagado. Para isso, basta premir o botão "apagar".
Nome: O campo contém o nome do aluno.
Data de pagamento: A data de pagamento é introduzida aqui.
Número da função: Este campo contém o número da função do aluno.
Número da fatura: Este campo contém o número da fatura do aluno.
Montante recebido: O montante recebido pelo estudante.
Saldo: O saldo do montante.

O diagrama de interface do formulário de recolha é apresentado abaixo:

Figura 29: Página do formulário de recolha APTECH

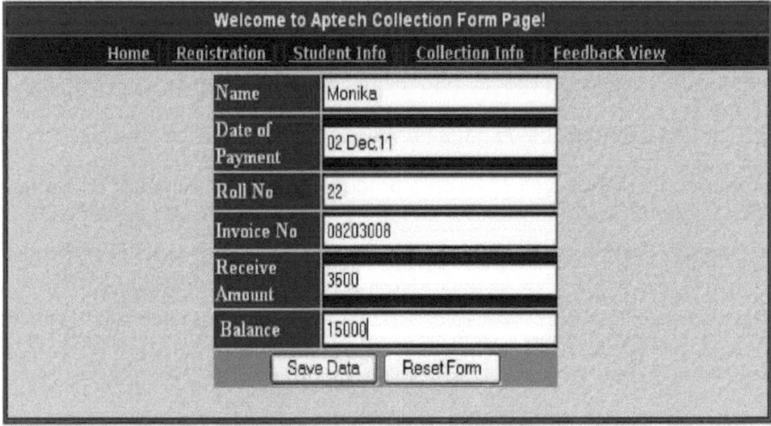

Pode atualizar as informações de pagamento através desta ligação.

O diagrama da interface de atualização pode ser consultado abaixo

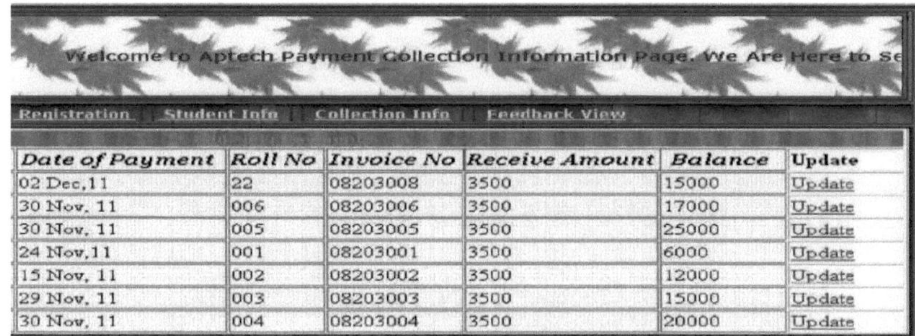

Date of Payment	Roll No	Invoice No	Receive Amount	Balance	Update
02 Dec,11	22	08203008	3500	15000	Update
30 Nov, 11	006	08203006	3500	17000	Update
30 Nov, 11	005	08203005	3500	25000	Update
24 Nov,11	001	08203001	3500	6000	Update
15 Nov, 11	002	08203002	3500	12000	Update
29 Nov, 11	003	08203003	3500	15000	Update
30 Nov, 11	004	08203004	3500	20000	Update

Figura 30: Ligação para atualizar os dados de recolha

3.8.4 Atualizar a página de informações:

Caraterísticas:

As informações de pagamento são actualizadas nesta página.

O diagrama da interface da informação de atualização da recolha é apresentado abaixo:

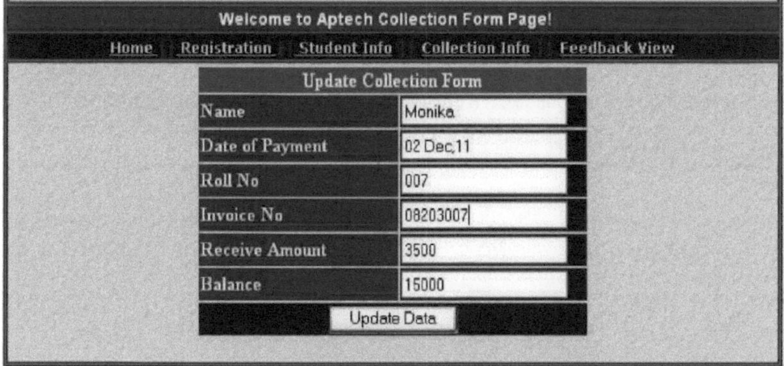

Figura 31: Atualização da APTECH da informação colectiva

3.8.5 Eliminar informações de recolha por nome:

Caraterísticas:

Algumas informações de pagamento são eliminadas nesta página.

O diagrama da interface de informação para a eliminação de colecções é apresentado abaixo:

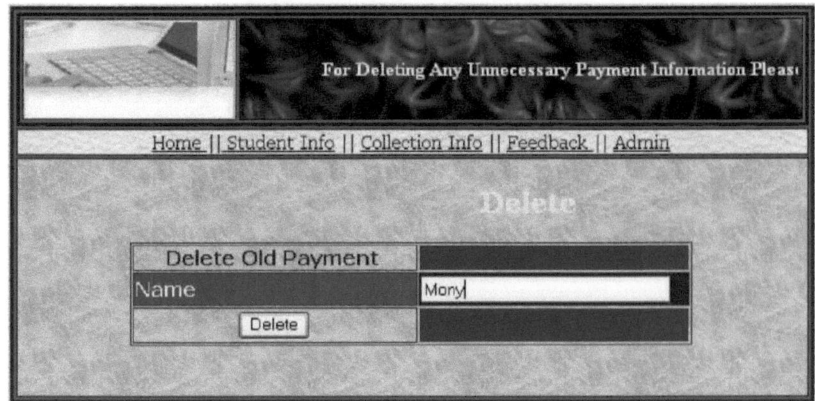

Figura 32: Eliminar informações de recolha

3.8.6 Resultado da pesquisa por nome:

Caraterísticas:

Esta página gera determinadas informações de pagamento para os estudantes em formato PDF

O diagrama de interface para pesquisar a coleção de nomes é apresentado abaixo:

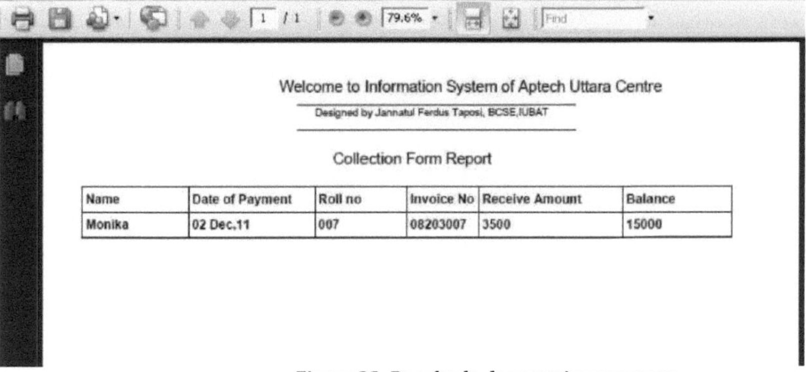

Name	Date of Payment	Roll no	Invoice No	Receive Amount	Balance
Monika	02 Dec.11	007	08203007	3500	15000

Figura 33: Resultado da pesquisa por nome

3.9.1 Vista de retorno:

Caraterísticas:

As informações sobre o feedback são apresentadas nesta página.

O diagrama de interface da vista de feedback é apresentado abaixo:

Sl	Name	Category	Address	Mobile no	Email	Comments
211	Nadim haider	Student	Uttaara, Dhaka	01716660863	nadim@yahoo.com	This is good.
213	Golam Robbany	Teacher	Uttara, Dhaka	01718855432	golam@gmail.com	It's nice.
169	Sharna	Student	Uttara	08439758	s@gmail.com	I like Aptech
253	Junaed Husaeen	User	Mirpur, Dhaka	01718330546	junaed@gmail.com	This system is very good.

Figura 34: Vista de retorno da APTECH

Capítulo 4 PROCEDIMENTO DE ENSAIO

4.1 O teste de software é uma investigação realizada para fornecer às partes interessadas informações sobre a qualidade do produto ou serviço que está a ser testado. O teste de software pode ser descrito como o processo de validação e verificação de um programa/aplicação/produto de software:

1. Satisfaz os requisitos que foram decisivos para a sua conceção e desenvolvimento;

2. funciona como esperado; e

3. podem ser realizadas com as mesmas caraterísticas.

4.2 Método de teste: Os métodos de teste de software são tradicionalmente divididos em testes de caixa branca e testes de caixa preta. Estas duas abordagens são utilizadas para descrever a perspetiva que um engenheiro de testes adopta ao conceber os casos de teste.

4.3 Testes de caixa preta

Efectuei testes de caixa negra na minha fase de testes. Os testes de software podem ser efectuados por testadores de software. Até à década de 1980, o termo "testador de software" era comummente utilizado, mas mais tarde foi também considerado uma profissão por direito próprio. Foram estabelecidas diferentes funções em função dos diferentes períodos de tempo e objectivos dos testes de software: **Gestor**, **Líder de Testes**, **Projetista de Testes**, **Testador**, **Programador de Automação** e **Administrador de Testes**.

Nos testes de caixa negra, o software é tratado como uma "caixa negra" - sem conhecimento da sua implementação interna. Os métodos de teste de caixa negra incluem: Particionamento de equivalência, análise de valor limite, teste de todos os pares, teste de fuzz, teste baseado em modelo, teste exploratório e teste baseado em especificação.

Testes baseados em especificações: Os testes baseados em especificações têm como objetivo testar a funcionalidade do software de acordo com os requisitos aplicáveis. Assim, o testador introduz dados no objeto de teste e apenas vê o seu resultado. Para este nível de teste, o testador deve normalmente ser fornecido com casos de teste detalhados. Ele pode então simplesmente verificar se o valor de saída (ou comportamento) para uma determinada entrada corresponde ou não ao valor esperado especificado no caso de teste.

Os testes baseados em especificações são necessários, mas não são suficientes para evitar certos riscos. Vantagens e desvantagens: O testador de caixa negra não tem "laços" com o código, e a perceção de um testador é muito simples: um código *tem de* ter erros. De acordo com o princípio "pedir e receber", os testadores de caixa negra encontram erros que os programadores não encontram. Por outro lado, o teste da caixa negra é "como caminhar num labirinto escuro sem uma lanterna", porque o testador não sabe como o software testado é realmente construído. Como resultado, há situações em que (1) um testador escreve muitos casos de teste para verificar algo que poderia ter sido testado com apenas um caso de teste, e/ou (2) algumas partes do back-end não são testadas de todo.

Os testes de caixa negra têm, portanto, a vantagem de uma "opinião imparcial", por um lado, e a desvantagem de uma "exploração cega", por outro.

Capítulo 5 LIMITAÇÕES

Limitações do sistema proposto:

5.1 Falta de dados efectivos:

Para conhecer o sistema de informação atual do centro APTECH Computer Education Uttara, visitei a sucursal APTECH Uttara. Falei também com os administradores. Por vezes, forneceram-me dados, mas na maior parte das vezes não me ajudaram a fornecer-me dados internos. Não estão interessados em mudar o seu sistema, pois não têm qualquer ideia do sistema que propus. E não têm mais conhecimentos sobre o sistema em linha. Foi esse o meu problema na recolha dos dados actuais. Por esta razão, não quiseram ajudar-nos. Por isso, sugeri um novo sistema que pode não recolher toda a informação. Embora não tenha recolhido os dados actuais, não os posso utilizar no novo sistema. Para desenvolver um sistema, é muito importante recolher dados adequados. Se eu não conhecer o processo atual, não posso construir um bom sistema. Por isso, é muito importante conhecer os dados actuais. Mas eu não recolhi dados suficientes. Se eles quisessem, podiam fornecer-me esses dados. Mas não o fizeram.

5.2 Falta de informação suficiente:

Tal como acontece com os dados reais, não recolhi informação suficiente. Os administradores lidam com muitas coisas todos os dias. Mas eu não sei tudo. É por isso que não posso implementar estas coisas. Os administradores nem sempre estão dispostos a partilhar toda a informação. Estavam sempre ocupados e nem sempre se comportavam bem quando eu ia ter com eles. Por isso, não consegui obter informações suficientes. Implementei as informações que eles queriam partilhar comigo. Mas não recolhi muita informação interna que me pudesse ajudar.

5.3 Falta de tempo:

Preparei a minha tese num curto semestre. Só tive doze semanas. Mas o tema da nossa tese é muito extenso. Por isso, não consegui cobrir tudo o que tinha pensado. Se tivesse mais dois meses, poderia preparar outra parte do Centro APTECH Uttara.

Capítulo 6 DESENVOLVIMENTOS FUTUROS

Desenvolvimento futuro

6.1 Introduzir a entrada por SMS:

No novo sistema proposto, os dados podem ser introduzidos através de software offline ou online. Os administradores podem obter informações sobre os alunos através de SMS. O sistema SMS permite poupar tempo. Por conseguinte, é essencial utilizar o sistema SMS para melhorar as nossas perspectivas. No futuro, os administradores poderão registar um caso imediatamente através de SMS. No entanto, há um problema. O número de caracteres do SMS é limitado. Mas é necessário armazenar todas as treze informações sobre um aluno. Assim, não é possível introduzir todas as informações através de SMS. Neste caso, são necessários mapeamentos de palavras. Um mapeamento de palavras ajuda-nos a armazenar todas as informações por SMS.

6.2 Sítio Web oficial da APTECH Computer Education Uttara Centre:

Não existe um sítio Web oficial da APTECH Computer Education Uttara Centre. Estou a utilizar um servidor doméstico. Por isso, no futuro, haverá um sítio Web que poderá ser facilmente acedido pelo público. Mas é certo que nenhuma parte do meu futuro sítio Web será acedida pelo público. As pessoas podem recolher muitas informações sobre o sistema de informação da APTECH, a APTECH, os cursos, as faculdades, os estágios dos estudantes, os parceiros comerciais da APTECH, etc. As pessoas podem igualmente consultar na Internet todas as informações relativas a cada estudante. O software baseado na Web estará ligado ao sítio Web. Por conseguinte, os administradores podem introduzir todos os tipos de casos através deste sítio Web. Uma base de dados centralizada está ligada a este sítio Web. Assim, a base de dados será actualizada apenas pelos administradores. Neste caso, cada administrador pode aceder e atualizar este sítio Web com uma senha interna.

Capítulo 7 CONCLUSÃO

7. 1 A minha contribuição de aprendizagem para este projeto:

O que aprendi com este projeto:

1. Desenvolvimento de um sistema manual de gestão da informação num sistema informático de software para uma instituição de ensino.

2. Como um sistema informatizado pode ser muito útil para a instalação.

3. Adicionar, visualizar, atualizar, apagar, procurar e guardar as informações individuais do sistema.

4. Mais importante ainda, aprendi a análise, a conceção, a codificação, os testes, a implementação e a manutenção do sistema ao realizar este projeto e ao percorrer o caminho para criar este relatório.

7.2 Conclusão:

Um sistema de informação é um mecanismo que ajuda as pessoas a recolher, armazenar, organizar e utilizar informações. Para além de apoiar a tomada de decisões, a coordenação e o controlo, os sistemas de informação podem também ajudar os gestores e os trabalhadores a analisar problemas, a visualizar questões complexas e a desenvolver novos produtos. Espero que, ao utilizar o sistema que desenvolvi, as pessoas da organização beneficiem das vantagens que o sistema de informação oferece.

Referências

Livros:

1. Jeffrey A. Hoffer, Joey F. George, Joshep S. Valacich, (2003). Modern <u>System Analysis & Design</u>, 482 F.I.E. Patparganj Delhi 1 10092: Pearson Education Pte. Ltd.

2. Joel sobre o software de <u>JOEL SPOLSKY</u>

3. ᵗʰConceitos de sistemas de bases de dados, 4 edição, por Silberschatz, Korth, Sudarshan.

4. Microsoft Visual Basic 6.0 Professional Step-by-Step (Brochura)

   por Michael Halvorson "

5. Bíblia Php 4 (Bíblia (Wiley)) (Brochura) de Tim Converse, Joyce Park "

Sítios Web:

1. www.aptech-worldwide.com

2. www.zend.com

3. www.msclub.ce.cctpu.edu.ru

4. www.activxperts.com

5. www.mobilein.com/sms.htm

6. www.mha.gov.bd/DeptOfPolice.php

7. www.masternewmedia.org/web-based_applicatio

Índice

Printed by Books on Demand GmbH, Norderstedt / Germany